Bärbel Manaar Drechsler
Illustriert von Oliver Streich

Yusuf, der Prophet

Impressum

Text: Bärbel Manaar Drechsler

Illustration: Oliver Streich

Gestaltung: Christian Bund

Lektorat: Jenny Kühne

Gesamtherstellung: Rombach Druck- und Verlagshaus GmbH & Co. KG

Druck und Bindung: fgb . freiburger graphische betriebe GmbH & Co. KG, Freiburg i. Br.

Bebelstraße 11, D-79108 Freiburg i. Br.

1. Auflage

© Salam Kinder- und Jugendbuch Verlag KG, Freiburg i. Br.

Alle Rechte vorbehalten

Salam Kinder- und Jugendbuch Verlag KG

Unterwerkstr. 5

79115 Freiburg i. Br.

www.salam-verlag.de

ISBN: 978-3-9813943-7-5

Alima kommt müde und verfroren von der Schule nachhause. Heute hat ihre Klasse ein Diktat geschrieben. In den vergangenen Tagen hatte sie dafür viel geübt. Nun hofft sie, dass ihr kein Fehler unterlaufen ist. Sie glaubt aber, alles richtig geschrieben zu haben.

Als sie die Tür zur Wohnung öffnet, fällt ihr als Erstes ein Mantel auf, der heute Morgen noch nicht da hing. Sie stutzt zuerst, dann erhellt sich ihr Gesicht, und sie ruft: „Opa! Opa ist da!" Mit diesen Worten wirft sie ihre Schulmappe auf den Boden und stürzt in die warme Stube hinein. Dort sitzt ihr Großvater ganz gemütlich in seinem Ohrensessel und trinkt Kaffee mit Mama. Schnell stellt er seine Tasse ab und breitet seine Arme aus, in die Alima jubelnd hineinstürzt.

„Opa, du bist der allerliebste Großvater der ganzen Welt!"

„Du übertreibst mal wieder", wehrt ihr Großvater lächelnd ab. „Aber du bist meine allerliebste Enkelin." Alima runzelt die Stirn: „Aber Opa, du hast ja auch nur mich!"

„Naja, gut, dann bist du eben die einzig Allerliebste – und die Allersüßeste", fügt er hinzu und knuddelt sie herzhaft.

Mama verfolgt schmunzelnd das Geplapper, jedes Mal, wenn Opa zu Besuch kommt, beginnt dieses Spielchen von Neuem. Es ist ein schöner Auftakt zu einigen wundervollen gemeinsamen Tagen. Sie geht in die Küche und kommt mit einer großen Tasse heißem Kakao zurück, die sie vor ihre Tochter stellt. Alima hat ihren Stuhl nah an den Sessel ihres Großvaters geschoben und fragt ihn nun: „Hast du wieder neue Schriften zum Restaurieren bekommen? In der Schule habe ich einmal etwas über deinen Beruf als Buchrestaurator erzählt. Meine Freundinnen fanden ihn, oder vielleicht auch nur dich, sehr interessant. Sie meinten, du müsstest großes Wissen besitzen, wenn du alle diese Bücher auch lesen musst. Und ich habe ihnen erklärt, dass du der beste Geschichtenerzähler bist, den es gibt."

„Danke für das große Kompliment! Ja, du hast Recht, für diese Arbeit benötige ich einen sehr großen

Wissensschatz und muss die alten Sprachen beherrschen, um auch die kleinsten Bruchstücke eines uralten Dokumentes wie ein Puzzle wieder zusammensetzen zu können."

„Und du hast bestimmt auch eine schöne Geschichte für mich?"

„Hey", wirft Alimas Mutter in das Gespräch ein, „dein Opa ist nicht nur dich besuchen gekommen!"

„Schon gut, meine beiden Lieben. Wisst ihr was?", Opa blickt von einer zu anderen, „Ich trinke in Ruhe meinen Kaffee mit deiner Mutter zu Ende, du, Alima, machst unterdessen deine Aufgaben für die Schule, und dann habe ich vielleicht eine Geschichte für dich. Einverstanden?" Alima nickt nur und hält ihre Hand hin, damit er mit ihr abklatscht und die Abmachung besiegelt. Dann verschwindet sie so schnell, wie sie hereingekommen ist.

Alima steht am Fenster und schaut in die aufkommende Dämmerung. Draußen fegt ein kalter Wind einige Regentropfen an die Scheibe. Was für ein Wochenende wird das werden! Nur gut, dass Opa wieder bei ihnen ist, da ist es egal, welches Wetter draußen ist. Mit Opa ist das Wochenende immer toll, denkt sie und freut sich auf die kommenden schönen Stunden.

Es klopft, und ein Kopf erscheint im Türspalt. „Darf ich reinkommen?" Schnell läuft Alima zur Tür und zieht sie weit auf. Frohgelaunt fällt sie ihrem Großvater um den Hals und zieht ihn anschließend ins Zimmer hinein, in die Ecke mit dem alten Ledersessel neben ihrem Bett. Alima liebt dieses ausrangierte, aus dem Wohnzimmer verbannte Möbelstück und nennt es liebevoll ‚Opas Erzählsessel'. Sie schiebt Opa in ihn hinein und setzt sich mit angezogenen Beinen auf ihr Bett, ihre Arme um die Knie gelegt.

Mit einem fordernden Blick fragt sie: „Du hast doch bestimmt eine besondere Geschichte für mich?"

Opa macht es mal wieder sehr spannend. „Nun ja, ich hätte da was, aber ich weiß nicht …"

„Opa! Du weißt sehr wohl, dass mich alles interessiert, wenn du etwas Besonderes hast."

„Hm, also, ich habe ein arg zerfallenes Pergament bekommen. In diesen Bruchstücken fiel mir auf Anhieb ein Name auf: Yusuf. Da musste ich natürlich sofort an den Propheten Yusuf denken. Und wenn du möchtest, erzähle ich dir seine Geschichte."

„Ja, bitte!"

„Sie dauert aber etwas länger als sonst. Ja, ich weiß schon, was du sagen willst. Ich bin drei ganze Tage hier bei euch, bis ich wieder wegfahren muss, und es ist Wochenende."

Opa seufzt. Erwartungsvoll macht Alima es sich bequem. Ihr Großvater beginnt: „Du weißt, Yusuf gehört zu den Propheten, die in unserem Koran namentlich genannt werden. Die Christen kennen ihn übrigens auch, allerdings unter dem Namen Josef." Alima fügt schnell ein: „Es gibt sogar eine ganze Sure, die so heißt, aber ich weiß nicht viel davon."

„Du wirst sie jetzt kennen lernen. Stell dir das heutige Palästina vor einigen Jahrtausenden vor. In der Thora wird es als das für Ibrahim und seine Nachkommen versprochene Gelobte Land bezeichnet, sie nannten es Kanaan. Der Vater von Yusuf war Yaqub und dessen Vater Ishaq."

„Opa, ich weiß, wer der Vater von Ishaq war, das war Ibrahim", ruft Alima dazwischen.

„Toll, dass du das schon weißt. Aber lass mich weitererzählen. Stell dir nun ein trockenes, karges Land vor, auf dem die Herden von Yaqubs ältesten Söhnen von Weide zu Weide getrieben werden."

Vor Alimas Augen breitet sich unmerklich eine Landschaft aus, auf der eine Schafherde die dürren Gräser abzupft und langsam weiterzieht. Zehn junge Hirten folgen ihr. Sie achten darauf, dass sich kein Schaf von der Herde absondert, und halten immer wieder Ausschau nach wilden Tieren. Einer von ihnen trägt ein kleines Lamm in seinen Armen, das sich am Fuß verletzt hat, als es mit den anderen Jungtieren herumtollte. Nun blökt es jammervoll, und seine Mutter läuft, sich sorgend, neben dem Hirten her. Fürsorglich setzt dieser das Kleine bei seiner Mutter ab, die es schnell beleckt und es mit dem Kopf aufmunternd an ihre Milchquelle schiebt. Kraftvoll saugt nun das kleine Lamm, und der Hirte nickt zufrieden. Langsam geht er zu seinen Brüdern, die sich in der Zwischenzeit im dürftigen Schatten eines Baumes niedergelassen haben.

Die Sonne steht hoch am Himmel, und es ist heiß. Einer der Brüder sagt gerade: „Ich würde jetzt auch gern wie unser jüngerer Bruder Yusuf im Schatten des Hauses sitzen", und wischt sich mit seinem Tuch, das er sich um den Hals gebunden hat, den Schweiß von der Stirn. Der neben ihm sitzende Bruder nickt und ergänzt neidisch: „Ich weiß auch nicht, was unser Vater an diesem Jungen so anziehend findet. Er mag zwar hübsch aussehen, aber was leistet er denn schon? Nichts schafft er, sitzt nur den ganzen Tag beim Vater."

„Brüder, warum hackt ihr immer wieder auf Yusuf herum. Vater will nicht, dass er mit uns zieht. Lassen wir ihm die Freude", beschwichtigt sie der Älteste. „Kommt, ziehen wir noch ein Stück weiter."

Als die Sonne ihre Reise am Himmel fast vollzogen hat, machen sich die Söhne mit ihrer großen Herde auf den Heimweg. Schnell werden die Schafe in ihr Gehege zurückgebracht und eingesperrt. Demütig treten sie zu ihrem Vater, der unter dem Vordach sitzt, und begrüßen ihn mit den Worten: „Friede sei mit dir, lieber Vater."

Der Knabe an seiner Seite wird nicht beachtet, nur einer der Brüder wirft ihm im Vorbeigehen schnell einen bösen Blick zu. Nachdem der Vater auf den Friedensgruß geantwortet hat, fragt er seine Söhne: „Gab es etwas Besonderes?"

„Nein, lieber Vater, es gab nichts Ungewöhnliches", antwortet der Älteste und schüttelt zur Bekräftigung den Kopf.

Wie immer ziehen die älteren Brüder auch am nächsten Morgen mit ihrer Herde zur Weide. Unterdessen begleitet Yusuf seinen Vater bei all seinen Besorgungen. Yaqub liebt seine beiden Jüngsten Yusuf und Benjamin sehr, besonders aber Yusuf, der überaus schön ist. Ja, er kann sich nicht genug an dessen Schönheit ergötzen. Yusuf erinnert ihn auch am meisten an seine verstorbene Frau, die er wegen ihres Liebreizes vor vielen Jahren geheiratet hatte.

Alima erwacht langsam aus ihrer Versunkenheit. Noch steht wie im Traum die Gestalt von Yusuf vor ihren Augen. „Opa, warum hast du aufgehört zu erzählen?", fragt sie ihn leicht irritiert. Sie steht von ihrem Bett auf, setzt sich vor ihn auf den Boden und lehnt sich an seine Beine, wie sie es schon als kleines Kind getan hat. Ihr Großvater legt seine Hand auf ihren Kopf und fährt fort: „So verbringt Vater Yaqub seinen Tag gemeinsam mit Yusuf."

Alima hört Yusuf, wie er um seinen Vater herumtollt und ruft: „Fang mich doch! Vater, fang mich, ich bin das Schaf und du der Wolf." Yusuf lacht laut auf, als Vater Wolf an ihm vorbeiläuft. „Hier bin ich! Wenn du mich fangen willst, Wolf, dann stoße ich dich mit meinen Hörnern! So, jetzt verstecke ich mich!" Munter hüpft Yusuf von Yaqub fort und quietscht vergnügt, als dieser ihn nicht findet. Vater Yaqub ruft etwas ängstlich: „Mein Sohn, wo bist du, lauf nicht weg, sonst kommt wirklich der Wolf." Er liebt Yusuf sehr und befürchtet, dass seine anderen Söhne nicht genug auf ihn aufpassen. Deshalb ließ er ihn auch nicht mit auf die Weide ziehen, als Yusuf ihn einmal darum bat, mit seinen Brüdern gehen zu dürfen. Langsam kommt dieser nun aus seinem Versteck hervor und setzt sich zu seinem Vater, der sich atemlos auf seiner Matte im Schatten des Vordaches niedergelassen hat. Er lehnt sich an ihn und schaut in die Ferne, dann geht sein Blick zum Himmel und zur strahlenden Sonne. Nachdenklich schweifen seine Augen weiter zum Vater, und er fragt ihn: „Vater, ich hatte heute Nacht einen Traum. Was meinst du dazu? Ich sah elf Sterne, die Sonne und den Mond, wie sie sich vor mir verbeugen. Was hat das zu bedeuten?"

Neugierig sieht er seinem Vater in die Augen. Erschreckt zieht dieser seinen Sohn an sich und rät ihm sorgenvoll: „Mein Sohn, erzähle deinen Brüdern nicht davon, sonst ersinnen sie vielleicht eine List gegen dich. Denn dein Traum bedeutet, dass auch du zu denen gehörst, die der Herr erwählen und die Er das Deuten von Geschichten lehren wird, ebenso wie Er es schon bei unseren Vätern Ibrahim und Ishaq getan hat." „Aber Vater, warum verbeugen sie sich im Traum vor mir, und warum soll ich meinen Brüdern nichts davon erzählen?"

„Gott wird dich das verstehen lassen, sei nur weiterhin aufrichtig, wahrhaftig und ehrlich, was auch kommen mag und welchen Weg auch immer Gott dich gehen lassen wird. Dein Pfad ist von Gott vorherbestimmt!" Damit drückt Yaqub seinen Sohn fest an sich, denn er hat begriffen, dass diese Vision eine besondere Bedeutung hat. Als seine anderen Söhne am späten Nachmittag zurückkehren, antwortet er ihnen auf ihren Fragen nur einsilbig und zurückhaltend, was die Brüder natürlich irritiert. So vergeht der Abend in Schweigen.

Kaum sind am nächsten Tag die Schafe auf dem Weg zur Weide, da erbost sich ein Bruder: „Warum kann unser Vater uns nicht so lieben wie Yusuf! Sind wir denn nicht auch seine Söhne?" Ein anderer wendet sich ihm zu und pflichtet ihm bei: „Du hast Recht, Yusuf und sein Bruder sind unserem Vater lieber als wir, obwohl wir doch auch seine Söhne sind. Darin ist er bestimmt im Irrtum. Ich finde das ungerecht!"

„Was hat Vater gegen uns, machen wir unsere Arbeit nicht ordentlich und zu seiner Zufriedenheit? Was hat Yusuf, was wir nicht haben! Ich beneide ihn wirklich!"

„Ja, er lässt ihm Fürsorge angedeihen und liebt ihn über alles. Wie soll man da nicht neidisch sein."

So reden die Brüder, werden immer wütender, bis einer von ihnen ausspricht, was alle in ihrer Boshaftigkeit denken: „Lasst uns ihn töten oder vertreiben, dann muss Vater sich uns widmen und uns endlich die Anerkennung geben, die wir verdienen." Zuerst zeigt sich Erschrecken auf ihren Gesichtern, als die Gedanken laut ausgesprochen sind. Dann aber stacheln sie sich gegenseitig an: „Ja, töten wir ihn! Und finden wir eine List, um den Vater glauben zu machen, dass wir die Tat nicht begangen haben. So werden wir wieder die ganze Aufmerksamkeit unseres Vaters besitzen, er wird Yusuf bald vergessen haben, und wir können beruhigt sein." So reden sie miteinander in ihrem Neid und ihrer Niedertracht.

Nur der älteste von ihnen zeigt Mitleid mit seinem Bruder, zudem möchte er keine Schuld als Mörder auf sich laden. Er versucht, sie zu überreden: „Nein, tötet ihn nicht! Wenn ihr ihn unbedingt loswerden wollt, dann werft ihn in den Brunnen. Vielleicht finden ihn vorüberziehende Reisende und nehmen ihn mit." Die Brüder sehen einander an und nicken – der Vorschlag klingt nicht schlecht. Noch aber sind sie sich unsicher, wie genau sie vorgehen wollen.

Alima macht ihrem Entsetzen Luft: „Werden sie so etwas Abscheuliches wirklich tun? Wie können sie nur so neidisch auf Yusuf sein, er ist doch ihr Bruder!"

„So steht es in der Geschichte", erklärt Opa bedeutungsvoll. „Das bedeutet, auf der einen Seite steht das Gute im Menschen, auf der anderen das Schlechte."

„Opa, du hast einmal gesagt, Propheten seien gut und rein, also kann Yusuf doch gar nichts Übles an sich haben und auch nichts Schlechtes denken."

„So ist es! Aber er kann auch von Gott geprüft werden."

Alima überlegt angestrengt, und nach einer Weile bittet sie ihren Großvater, weiterzuerzählen. Opa betrachtet seine Enkelin. Er kennt sie gut genug, um zu wissen, dass sie jetzt von der Geschichte gepackt ist und nicht locker lassen wird, bis sie sie ganz kennt – und versteht. Auch ihn hat Yusufs Lebensweg bis heute nicht losgelassen. Vielleicht war das sogar der Grund, weshalb er sich vor Jahren dazu entschlossen hat, alte Bücher wieder in Ordnung zu bringen, damit das uralte Wissen und die Geschichten darin nicht für immer verloren gehen. Sein Blick geht weit in die Ferne, als er von Neuem beginnt.

Es ist oft nur ein kleiner Schritt von einem Gedanken zur Tat. Sie beratschlagen, wie sie ihren Bruder für immer loswerden können, und bald einigen sie sich tatsächlich auf den Vorschlag des ältesten Bruders, Yusuf in den Brunnen zu werfen, in der Hoffnung, eine Karawane werde vorüberziehen und ihn mitnehmen. Ihrer Meinung nach werden sie so auch nichts zu bereuen haben, weil sie ihn ja nicht töten. Er wird einfach aus ihrem Leben verschwinden, und Vater wird ihnen endlich zugetan sein.

Also bitten die Brüder ihren Vater, ihnen Yusuf am nächsten Morgen mitzugeben. Sie sagen: „Vater, warum vertraust du uns Yusuf nicht an? Wir haben ihn wirklich gern! Lass ihn morgen mit uns gehen, damit er sich vergnügen und spielen kann. Wir werden bestimmt gut auf ihn aufpassen!"
Der Vater bekommt einen gewaltigen Schreck und lässt seinen Lieblingssohn nicht aus den Augen. Nur Yusuf freut sich bei dem Gedanken daran, endlich draußen auf der Weide mit seinen Brüdern spielen zu können. Und er bittet inständig darum, mitgehen zu dürfen. Der Vater spricht: „Mir ist nicht wohl dabei, ihn mit euch zu schicken. Ich habe Angst, dass ihn der Wolf fressen wird, wenn ihr nicht richtig auf ihn achtgebt." Seine Kinder versichern ihm: „Wenn das passiert, obwohl wir doch alle da sind, dann haben wir wirklich versagt."

Alima rückt etwas vom Opa weg und blickt ihn traurig an: „Werden sie ihn wirklich mitnehmen, spürt ihr Vater nicht ihre Boshaftigkeit?" Opa nickt leicht: „Ich glaube, er ahnt es zumindest, denn er ist ja auch ein Prophet, aber er weiß auch, dass alles Gottes Wille ist. Vielleicht denkt er in diesem Moment auch an Yusufs Traum? Jedenfalls lässt er ihn mitgehen ..."

Auf der Weide angekommen, spielen sie eine Weile mit Yusuf und locken ihn so immer näher an den Brunnen heran, bis sie ihn packen und über den Rand stoßen. Zum Glück ist der Brunnen schon lange ausgetrocknet, und ein feiner Sandstaub hat sich auf dem Boden gesammelt, sodass Yusuf nicht allzu hart aufprallt. Zunächst glaubt er, das gehöre zum Spiel, und bittet sie, ihn wieder heraufzuziehen. Erst als sie davongehen und er sie nicht mehr hört, wird ihm klar, dass das purer Ernst ist. Er ist seinen Brüdern nicht einmal böse, sondern nur unsagbar traurig. Er schaut nach oben. Das Tageslicht fällt bis auf den Boden des Brunnens, also ist es gerade Mittagszeit. Nur langsam bewegt sich der Schatten. Nein, Angst um sich selbst hat er nicht, nur um seinen Vater macht er sich Sorgen. Was wird er nun von ihm denken?

Da vernimmt er innerlich ein Raunen, erst allmählich wird die Stimme klarer, und er hört, wie jemand sagt: „Du wirst ihnen eines Tages ihre Schuld vor Augen führen, ohne dass sie es merken!" Was soll das bedeuten? Wer spricht da mit ihm? Ohne dass er selbst es bewusst wahrnimmt, beruhigt sich sein Herz, und er fühlt, dass er nicht allein ist, dass ihn jemand beschützt. Erst jetzt ahnt er, was die Worte ausdrücken sollen. Dereinst wird er seinen Brüdern gegenüberstehen und sie an ihre Tat erinnern. Dieser Gedanke macht ihn froh, denn nun ist klar, dass seine Rettung aus diesem Brunnen vorhergesehen ist. So harrt er geduldig aus.

Unterdessen sind die Brüder weinend in ihrer Hütte eingetroffen. Sie sprechen zu ihrem Vater: „Vater, es tut uns so leid! Wir haben ein Wettrennen gemacht. Yusuf wollte währenddessen auf unsere Sachen aufpassen ... und als wir zurückgekommen sind, war er verschwunden. Der Wolf muss sich ihn geholt haben, schau, was wir gefunden haben." Sie holen ein blutgetränktes Hemd aus ihrer Tasche hervor, das sie vorher zur Täuschung mit Tierblut beschmiert haben, und zeigen es dem Vater.

„Nein, nein, das kann nicht sein, ihr redet euch etwas ein. Yusuf lebt, bestimmt! Wir müssen nur geduldig sein und Gott um seine sichere Rückkehr anflehen." Der Vater ist untröstlich, glaubt aber nicht an das Geschehen, von dem seine Kinder ihm berichteten. Fortan grämt er sich und trauert um Yusuf. Seine Liebe erlangen seine älteren Söhne aber trotzdem nicht, denn nun widmet er sich vor allem seinem Jüngsten, Benjamin. Nur der Gedanke, dass er seinem geliebten Sohn irgendwann wiederbegegnen wird, so wie Yusufs Traum es prophezeit hat, hält ihn am Leben.

Wohl einige Tage sind vergangen, als leise Stimmen an Yusufs Ohr dringen, die immer stärker werden. Vielleicht ist es eine Karawane, die hier vorüberzieht, denkt er hoffnungsvoll. Da wird plötzlich ein Eimer zu ihm in den Brunnen geworfen. Ein Kopf erscheint über dem Rand. Schnell hält sich der Junge an dem Eimer fest und lässt sich hinaufziehen.

Der Wasserträger oben stöhnt ob der Schwere des Wassers. Aber wie erschreckt er, als er Yusuf erblickt; ganz so, als sähe er einen Wassergeist. Doch nein, als der Junge über den Brunnenrand springt, erkennt der Mann: Da steht ein Mensch aus Fleisch und Blut. Er reibt sich die Augen und sieht Yusuf noch einmal an. Der Junge ist immer noch da. Aufgeregt läuft der Mann zurück, seinen Eimer lässt er einfach stehen. Immer noch ein wenig überrascht darüber, statt Wasser einen Jungen ans Tageslicht befördert zu haben, ruft er schon von Weitem den Handelsherren zu: „Gute Nachrichten! Hier, diesen jungen Mann habe ich aus dem Brunnen gezogen!"

Die Kaufherren sind erstaunt über die Schönheit des Jungen und freuen sich über diesen unvorhergesehenen Schatz, der ihnen so einfach über den Weg gelaufen, oder besser gesagt: über den Brunnenrand gestiegen ist. Sie hoffen darauf, ihn verkaufen und dadurch einen guten Gewinn machen zu können. So verstecken sie ihn zwischen ihren Waren, bis sie sicher sind, dass niemand Anspruch auf ihn erhebt.

„Opa!" Alima ist entrüstet. „Zuerst wird er in einen Brunnen geworfen und dann wie ein Gepäckstück versteckt, weil man ihn verkaufen will! Was sind denn das für Menschen! Wie kann man jemanden wie Ware behandeln!" Opa fährt ihr beruhigend über die Haare. „Vergiss nicht, wann das alles geschehen ist. Heute ist so etwas unvorstellbar, obwohl ich auch gehört habe, dass in einigen Ländern die Armut so groß ist, dass manche Eltern ihre Kinder zum Verkauf anbieten, weil sie sich dadurch ein besseres Leben für sie erhoffen."

Alima sieht ihren Großvater erschreckt und verständnislos an. Leise fragt sie: „So etwas gibt es immer noch?" Lange denkt sie darüber nach, dann fasst sie nach Opas Hand, als würden sie sich gegenseitig schützen, und sagt fest: „Das mit Yusuf ist etwas Anderes. Hier denken die Händler nur an sich und an den großen Gewinn, den sie machen können, wenn sie einen so überaus schönen Jüngling verkaufen."
„Ja, genau daran denken sie."

Alima sieht Yusuf inmitten einer Karawane, mit einem Seil an ein Kamel gebunden, in eine reiche Stadt ziehen. Viele Menschen bleiben stehen, als Yusuf an ihnen vorübergeht, und schauen ihm nach. Sie sind von seiner Schönheit und Reinheit sehr angetan. Auch in seinen verschmutzten Kleidern sieht er immer noch stolz und edel aus. Auf dem Markt wird er neben die anderen Waren gestellt. Die Händler bieten ihn für viel Geld an, und es bleiben auch alle Passanten stehen, aber keiner kauft ihn. Schließlich bietet ein Mann aus Ägypten einige Dirham für ihn. In ihrer Hoffnung auf einen reichen Gewinn enttäuscht, willigen die Händler in den Kauf ein.

Als Yusuf und sein Käufer in Ägypten ankommen, bittet dieser seine Frau: „Richte ihm ein schönes Zimmer her, ja? Vielleicht wird er uns noch nützen, oder wir nehmen ihn als unseren Sohn an, er ist so gut und rein ..." So findet Yusuf in Ägypten in dem Haus des Würdenträgers seinen neuen Platz.

Opa meint: „Der Ehrenmann hat ihn wohl auf der kurzen Reise nach Ägypten lieb gewonnen. Schnell entdeckte er neben Yusufs Schönheit auch dessen innere Werte, seine Intelligenz, Höflichkeit und sein einnehmendes Wesen. Er glaubt, Yusuf werde ihm als sein Sohn sicher Ehre und Wohlstand bringen. So wächst Yusuf weit weg von seiner Heimat zu einem jungen und klugen Mann heran."
Alima lächelt ihren Opa an und meint schließlich etwas enttäuscht: „Schade, dass ich mir seine Schönheit immer nur vorstellen kann."

„Oh, meine Liebe, im Traum kannst du ihn genau betrachten. Es wird Zeit für dich, schlafen zu gehen." Alima denkt noch eine Weile über Yusuf nach, bald aber mischt sich ihre Vorstellung mit einem wunderbaren Traum.

Am nächsten Tag sind alle Wolken verflogen. Die heiter lachende Sonne schickt ihre ersten warmen Strahlen und lädt die Menschen zu einem Frühlingsspaziergang ein. Noch dick eingemummelt, laufen der Großvater und Alima durch den Park und beobachten amüsiert eine Schar Spatzen, die sich um einige Krümel streitet. Ihr aufgeregtes Tschilpen vereint sich mit Alimas Lachen und Opas Brummen. Alima schließt die Augen und hebt ihr Gesicht der Sonne entgegen. Tief atmet sie die frische Luft ein. Für einen kurzen Augenblick überlegt sie, wie warm es wohl um diese Zeit in Ägypten ist ... – Ägypten! Sofort fällt ihr Yusuf wieder ein, und schnell lenkt sie ihren Großvater nachhause. Dieser lächelt nur amüsiert.

Opa sitzt nun wieder in seinem Erzählsessel, und Alima hat es sich bäuchlings auf ihrem Bett bequem gemacht, die Arme auf das Kissen gestützt, während die Beine in der Luft baumeln. Voller Neugier bittet sie ihren Großvater, weiterzuerzählen.

„Nicht nur der hohe Würdenträger meint es gut mit Yusuf, auch Gott beschenkt ihn reichlich. Er gibt ihm Wissen, lehrt ihn Weisheit und Geschehnisse zu deuten. So belohnt ihn Gott für seine Geduld und seinen Glauben an Ihn." Hier wendet sich Opa mit ernstem Gesicht an seine Enkelin: „Aber du musst wissen, nicht nur der Hausherr mag Yusuf sehr, auch seine Frau ist von ihm angetan. Mit der Zeit beginnt sie, ihn immer mehr zu lieben, ja, sie wird regelrecht verrückt nach ihm ... und so trachtet sie eines Tages danach, ihn zu verführen."

Alima sieht in ihrer Fantasie, wie die Herrin alle Türen verriegelt, sodass Yusuf ihr nicht entkommen kann. Dann ruft sie: „Komm zu mir!", und läuft ihm hinterher. Aber Yusuf kann ihr immer wieder entwischen. Als es ihr dennoch gelingt, ihm ganz nah zu kommen, da ruft er in seiner Not: „Mein Gott, beschütze mich und nicht die Frevler!" Und wieder entkommt er ihr. Es ist irgendwie ein bisschen wie Fangen spielen.

In Alimas Gedanken hinein sagt Opa: „Ja, vielleicht ist es am Anfang sogar noch ein Spiel, denn auch Yusuf mag diese Frau. Noch ist er unberührt, kennt die Liebe nicht. Und doch, es kommt der Moment, in dem er sie begehrt. Da aber spürt er, dass Gott ihn sieht, obwohl doch alle Türen verschlossen sind. Er erinnert sich daran, wie sein Vater ihm schon sehr früh erklärt hat, dass Gott alles sieht und alles weiß. Das nimmt er als ein Zeichen, von Gott gesandt. Es macht ihn wieder stark und sicher gegen die Versuchung." Alima lacht: „Ja natürlich, diese Zeichen kann die Herrin nicht sehen oder spüren so wie Yusuf. Sie denkt, wenn die Türen verschlossen sind, dann kann keiner ihrem Treiben zusehen. Was für ein Irrtum!" Alima muss über diese Einfalt so laut lachen, dass Mama ihren Kopf zur Tür hineinsteckt. „Habe ich etwas verpasst?" Sie setzt sich zu Alima auf das Bett und tätschelt ihren Po. Alima dreht sich zu ihr um und sagt amüsiert: „Opa hat gerade erzählt, wie die Herrin hinter Yusuf her ist und ihn verführen will." Auch Mama muss nun grinsen: „So so, anscheinend mag Opa diese Stelle im Koran besonders gern, mir hat er sie früher nämlich auch oft vorgetragen." Verlegen verteidigt sich Opa: „Nun ja, hier kommt Yusufs Charakter eben am besten zum Ausdruck. Es zeugt von großer Stärke, etwas zu widerstehen, was man eigentlich auch mag."

Nun erzählt Opa weiter: „Blind vor Liebe und aufgestachelt durch seine Abweisung, läuft sie ein letztes Mal hinter ihm her, als er zur Tür rennt."

Alima beobachtet in ihren Gedanken, wie er die Tür fast erreicht, als sie ihn hinten am Hemd packt. Ruckartig entzieht er sich ihr wieder, und das Hemd zerreißt am Rücken. Erschreckt sieht Alima in just diesem Moment die Tür aufgehen und den Hausherren hereinkommen. Für eine Angstsekunde bleibt die Herrin erstarrt stehen. Wie schnell hat sie dann aber eine Ausrede parat: „Er wollte mich verführen und mir Böses antun! Dafür muss er bestraft werden, ins Gefängnis gehört er!" Betroffen schaut der Herr seine Frau an, dann geht sein Blick weiter zu Yusuf, dessen Kleider zerrissen sind. Er hat ihm vertraut, ihn sogar als seinen Sohn betrachtet! Nun aber weiß er nicht mehr, was er denken soll. Yusuf sieht ihn an, in seinen Augen stehen Ehrlichkeit und Vertrauen auf Gerechtigkeit. Ohne Bitternis sagt er nur: „Sie war es, die mich verführen wollte."

Der Herr ist nun völlig verwirrt – Wem soll er bloß glauben, wer ist hier der Lügner? Er findet einfach keine Entscheidung. In das Schweigen hinein überlegt einer der inzwischen Dazugekommenen: „Wenn sein Hemd vorn zerrissen ist, hat sie versucht, ihn abzuwehren. Dann spricht sie die Wahrheit und er ist der Lügner. Aber wenn sein Hemd hinten einen Riss hat, bedeutet das, er wollte ihr entfliehen. Dann spricht er die Wahrheit und sie hat gelogen."

Das könnte die Lösung sein! Dankbar für den klugen Hinweis wendet sich der Ehemann Yusuf zu und betrachtet dessen Hemd. Als er nun sieht, dass das Hemd von hinten zerrissen ist, spricht er: „Was spielt ihr Frauen für ein unseliges Spiel! Yusuf, vergiss es einfach, und du, Frau, bitte ihn um Verzeihung für deine Anschuldigung!"

Mama ist aufgebracht: „Nachdem der Ehemann die wahre Schuldige erkannt hat, meint er tatsächlich, es wäre nur ein Spiel! Es folgt lediglich eine Drohung mit dem Finger und eine Bitte um Entschuldigung, während er Yusuf auffordert, alles zu vergessen, als wäre nichts geschehen. Zeigt er damit nicht eindeutig seine Ohnmacht als Ehemann?" Alima ist etwas erstaunt über den Zorn ihrer

Mama. Schmunzelnd verteidigt Opa den Mann: „Vielleicht kann er aber auch nicht anders handeln, sonst würde er sich nur vor der Dienerschaft bloßstellen. Jedermann würde über ihn lachen! Stell dir vor, man würde sagen, der Mann kusche vor der Frau oder der Mann habe zuhause bei seiner Frau nichts zu sagen!"

„Ja, ja, jedes Mal nimmst du ihn in Schutz!" Nun muss auch Mama lächeln. Mit Lachfältchen um den Mund erzählt Opa weiter: „Trotzdem kann es nicht verhindert werden, dass die Frauen in der Stadt miteinander tratschen."

Alima sieht sich inmitten einer Gruppe von Damen der oberen Gesellschaft. Sie stecken ihre Köpfe zusammen und tuscheln hinter vorgehaltener Hand: „Die Frau des Mächtigen sucht ihren Burschen zu verführen!" Eine andere nickt und ergänzt: „Er hat ihr völlig den Kopf verdreht. Wie konnte sie sich nur so gehen lassen. Das ist so peinlich!" So ziehen diese feinen Damen über die Frau her und schütteln die Köpfe darüber, dass sie sich so erniedrigen konnte.

Es dauert nicht lange, bis auch die Ehefrau von diesen Vorwürfen erfährt. Sie ist empört über die Niedertracht ihrer Freundinnen, es gehört nicht zum guten Ton, über jemanden hinter dessen Rücken zu lästern. Sie sind alle nicht viel besser, denkt sie und sinnt auf Rache. Boshaft schmiedet sie einen Plan, um die Verleumdung zu entkräften. Sie wird sie zu einem Festmahl einladen. Gesagt – getan! Bald überbringen Diener die Einladungen. Die Damen sind natürlich hoch erfreut darüber und lassen sich von ihren Zofen ihre besten Kleider anziehen. Schon eilen Träger mit Sänften zum Haus der Frau. Die Damen plaudern in einer gemütlichen Stunde und rühmen die Gastgeberin für das vorzügliche Essen. Diese lässt nun das Dessert servieren. Auf silbernen Tellerchen bringen Dienerinnen je einen Apfel und ein kleines Messer.

Als die Damen dabei sind, ihre Äpfel aufzuschneiden, ruft sie Yusuf, der im Vorraum auf ihre Anweisungen wartet, zu: „Komm heraus!" Ihre Freundinnen reißen die Augen auf und wissen im ersten Moment nicht, was sie sagen sollen. Dann ertönt ein „Oh", ein „Ah". Vor Staunen schneiden sie sich mit dem Messer in die Hand statt in den Apfel und spüren nicht einmal den Schnitt. „Mein Gott, das ist gar kein Mensch, er sieht aus wie ein Engel!", rufen sie dann aus. Die Hausdame triumphiert, als sie diese Worte hört. Genau das hat sie beabsichtigt. Sie pflichtet ihren Freundinnen bei und nickt ihnen zu, nun wieder ein Herz und Seele mit ihnen. Sie sagt: „Nun seht ihr es selbst! Wegen ihm habt ihr mich getadelt! Er ist es, den ich verführen wollte, aber er ist standhaft geblieben." Beschämt senken die Eingeladenen nun ihre Köpfe. Wie konnten sie nur so daherreden! Zutiefst bedauern sie jetzt ihr Geschwätz, wo sie doch selbst ähnliche Gedanken hegten, als sie Yusuf erblickten. Und sogar jetzt wandern ihre Blicke immer wieder zu ihm, loben seine engelhafte Schönheit und bewundern auch seine Standhaftigkeit und Selbstbeherrschung. Nie sahen sie einen schöneren Jüngling, flüstern sie sich gegenseitig zu. „Seht ihr", meint da die zuvor Gescholtene, „ihr seid genauso wie ich, von der gleichen Leidenschaft betroffen." Sie sieht wieder Yusuf an, nun zornig ob seiner Verweigerung. „Ich bin die Herrin, und er hat mir zu gehorchen!" Hämisch fügt sie hinzu: „Und wenn er nicht das tut, was ich ihm sage, sorge ich dafür, dass er eingesperrt wird."

Bei diesen Worten wird Yusuf blass, aber er bleibt standhaft und bittet Gott um seinen Beistand: „Herr! Lieber gehe ich ins Gefängnis, als ihrem Willen nachzugeben. Nur wende dieses Übel von mir ab, sonst gebe ich am Ende nach und bin nicht besser als sie."

Alima braucht einige Zeit, um sich von der Geschichte zu lösen. Dann lächelt sie in sich hinein und meint: „Es ist der einzig richtige Weg, bei Gott um Hilfe zu bitten. Yusufs Vertrauen in den Einen hat ihn ja auch davor so gestärkt, dass er alle Anfeindungen dieser Frau abwehren konnte. Um sich zu schützen, will er lieber in ein Verlies gehen. Opa, Gott erhört doch bestimmt seine Bitte und lässt ihn ins Gefängnis gehen, oder?"

„Ja, gewissermaßen hast du Recht. Sicher ist es Gott, der den Hausherrn Überlegungen dazu anstellen lässt, wie sich diese Situation am besten bereinigen lassen könnte. Dieser weiß, dass Yusuf unschuldig ist, und bleibt von seinem untadeligen Verhalten überzeugt. Aber er kennt eben auch seine Frau und findet, dass es besser wäre, wenn Yusuf für eine Weile in einem Verlies verschwände." Alima hört, wie ihr Opa weiterberichtet: „So kommt Yusuf also ins Gefängnis. Dort sitzen noch zwei andere junge Burschen."

Sie sieht eine karge Zelle. Nur wenig Licht dringt durch eine Öffnung, die sich weit oben unterhalb der Decke befindet. Einige Strohmatratzen liegen auf der Erde. Es riecht muffig. Der mächtige Riegel draußen an der dicken und stabilen Tür wird quietschend aufgeschoben, und ein Wärter reicht eine Schüssel mit Brei, Brot und einen Krug Wasser für jeden Gefangenen durch eine kleine Luke in der Mitte der Tür. Nur auf Yusuf wirft er einen achtungsvollen Blick, dann verschwindet er schnell wieder. Sogar hier im Gefängnis wird Yusuf wegen seines ruhigen und würdevollen Verhaltens geachtet. Sie sehen in ihm einen aufrichtig gläubigen Menschen. Alle Wärter sind von seiner Unschuld überzeugt. Nach dem Essen herrscht lange Zeit Schweigen, bis einer der jungen Männer Yusuf ängstlich fragt: „Kannst du mir erklären, was der Traum, den ich letzte Nacht hatte, zu sagen hat? Du bist ja ein gläubiger Mann, und ich dachte, du verstehst dich vielleicht auf das Deuten von Träumen."
„So erzähle mir, was du im Traum gesehen hast", ermuntert ihn Yusuf.
Der Bursche antwortet: „Ich habe gesehen, wie ich an einer prunkvollen Feier Wein ausschenke."
Schnell ruft da der Dritte im Bunde: „Auch ich hatte einen Traum!"

Die beiden anderen schauen ihn interessiert an: „Ich träumte, dass ich auf meinem Kopf Brot trage, von dem die Vögel fressen. Sag, was bedeutet das?"

Yusuf überlegt eine Weile und meint dann: „Ich werde euch eure Träume deuten, noch bevor wir das nächste Mal unser Essen bekommen. Gott hat mich das gelehrt!" Schnell rutschen die beiden jungen Männer näher an Yusuf heran. Der eine fragt neugierig: „Willst du damit sagen, dass du dich auf das Deuten von Träumen wirklich verstehst? Und du kannst uns die Träume erklären, bevor der Wärter unser Essen bringt?" Der andere will wissen: „Woran glaubst du denn?"

„Ich folge der Glaubensweise von Ibrahim, Ishaq und Yaqub, meinem Vater. Wir glauben an Gott, den Einen, dem keine anderen Götter zur Seite gestellt werden dürfen." Verständnislos sehen sich die beiden an und zucken mit den Schultern. Schon wollen sie wieder von Yusuf abrücken, da spricht er zur Erklärung weiter: „Sicher denkt ihr, ich wäre noch zu jung, aber ich habe in meinem bisherigen Leben die Erfahrung gemacht, dass Gott mir zur Seite steht und hilft, solange ich nur an Ihn glaube und nicht noch andere Götter neben Ihm anbete. Glaubt ihr, eine Vielzahl von Göttern sei besser als der eine Gott, der alles geschaffen hat? Aber wie viele Menschen glauben nicht an Ihn, sondern an ihren Reichtum, an sich selbst und sehen nur ihr diesseitiges Leben." Die beiden Mithäftlinge werden nachdenklich und sehen nun hoffnungsvoll zu Yusuf. Noch einmal verdeutlicht der ihnen: „Meine lieben Mitgefangenen! Was ist besser, an viele Götter zu glauben oder nur an den Einen? Die Götter, die ihr anbetet, sind doch nur Namen, die sich eure Vorväter ausgedacht haben. Und Namen haben keine Macht. Nur Gott allein hat die Herrschaft, und der Glaube an Ihn ist der einzig richtige."

Sogar in dem Halbdunkel des Verlieses kann man sehen, dass Yusufs Gesicht beginnt, von innen heraus zu leuchten, wie zur Bestätigung seiner tiefen Liebe zu Gott. Ein kleiner Abglanz spiegelt sich in den Augen des einen Burschen wider. An ihn wendet Yusuf sich lächelnd: „Was nun dich betrifft: Du wirst dem König bald Wein servieren dürfen." Traurigkeit zeigt sich nun auf seinem Gesicht, und er blickt zum kleinen Fenster hinauf: „Doch was den anderen Traum betrifft ... es tut mir leid, aber du wirst gekreuzigt werden, und Vögel werden an dir knabbern." Zum Abschluss spricht er fest: „Das ist es, was eure Träume vorhersagen." Noch einmal wendet er sich an den Glücklicheren: „Sicher wirst du bald entlassen werden. Vergiss nicht, mich bei deinem Herrn zu erwähnen!"

Alima steht von ihrem Bett auf, geht ans Fenster und blickt hinaus in den Sonnenschein. Dann setzt sie sich wieder und lehnt sich an ihre Mutter. Ganz in sich gekehrt, fragt sie Opa: „Was Yusuf da den Mitgefangenen erzählt hat, das gilt doch heute noch als das Wichtigste im Islam: keine Gottheit neben Gott zu stellen." Opa nimmt ihre Hand in seine und erklärt ihr ernsthaft: „Wie viele Jahrhunderte, ja Jahrtausende liegen zwischen heute und damals, und doch ist es immer noch so. Es hat sich nichts verändert: Nur Gott ist anbetungswürdig. Und zu den Namen, die Yusuf genannt hat – Ibrahim, Ishaq und Yaqub –, sind noch weitere hinzugekommen, die von Gott geschickt wurden: Moses, David, Johannes, Jesus, Muhammad und noch viele andere." Mama streicht ihrer Tochter über den Kopf und ergänzt: „Ja, sie brachten alle dieselbe Botschaft, an der hat sich nichts geändert. Nur haben die Menschen sie immer wieder vergessen oder missachtet."

Langsam steht Opa aus seinem Sessel auf und meint: „Ich glaube, jetzt ist es erstmal genug. Wenn du willst, können wir uns heute Abend weiterunterhalten." Er lächelt Alima an: „Ich gebe es ungern zu, aber ich bin müde, muss mich ein wenig ausruhen – und Kaffee trinken!" Damit verschwindet er gemeinsam mit Mama in die Küche.

„Opa!" Alima zieht den Großvater in ihr Zimmer. „Du hast versprochen, weiterzuerzählen!" Opa nickt, fragt aber vorsichtshalber: „Hast du denn schon deine Zähne geputzt?" Er kennt seine Tochter sehr gut und weiß genau, dass in solchen Dingen nicht mit ihr zu spaßen ist. Erst das eine und dann alles andere, das war schon immer ihre Meinung. Aber Alima kennt ihre Mama ebenso gut und hat deswegen auch schon die Zähne geputzt. Schnell huscht sie nun unter ihre Decke, und ihr Großvater setzt sich zu ihr ans Bett. Da geht plötzlich die Tür auf. Verwundert sieht Alima ihre Mutter hereinkommen. Etwas schuldbewusst setzt die sich in Opas Erzählsessel und meint: „Ich habe die Geschichte schon lange nicht mehr von deinem Opa gehört." Alima freut sich: Auch Mama ist also davon fasziniert! Wieder öffnet sich die Tür einen Spalt. Erstaunt sehen sie nun, wie Papa den Kopf durch die Lücke schiebt und fragt: „Darf ich auch zuhören, oder ist das hier eine geschlossene Gesellschaft?" Zuerst beginnt Mama, erheitert zu kichern, dann stimmen Opa und Alima mit ein – nur Papa schaut etwas verdutzt drein. „Komm rein!", ruft Opa ihm zu, noch immer lächelnd. Und Mama meint: „Das wird ja eher ein vergnüglicher Abend statt einer beruhigenden Gutenachtgeschichte werden!" Opa rückt sich auf dem Bett zurecht und beginnt.

Einige Jahre vergehen, und Yusuf befindet sich immer noch im Gefängnis. Er wurde schlichtweg vergessen. Auch der ehemalige Mitgefangene, der seinem König inzwischen tatsächlich den Wein kredenzen darf, denkt nicht mehr an ihn – bis zu dem Tag, an dem sein Herr hohe Gäste zu einem Festbankett einlädt. An diesem Abend erfüllt Unruhe den König. Nachdenklich trinkt er seinen Wein, den ihm sein Mundschenk reicht. Sein Blick schweift in die Runde, und er fragt müde und sorgenvoll: „Meine Herren! Könnt ihr mir sagen, was das zu bedeuten hat? Ich sah im Traum sieben fette Kühe, die aber von sieben mageren aufgefressen wurden. Dann sah ich sieben grüne Ähren und daneben andere, die verdorrt waren. Wer kann mir diesen Traum deuten?" Die Anwesenden sehen sich an, keiner weiß eine Antwort. Sie schütteln ihre Köpfe, der eine meint: „Das sind nur wirre Träume, sie haben nichts zu bedeuten!" Ein anderer fügt, die Schultern zuckend, hinzu: „Wir können keine Träume deuten." Leise flüstert da der Mundschenk, der sich in diesem Augenblick wieder an Yusuf und an sein Versprechen erinnert, dem König ins Ohr: „Ich kann euch sagen, was euer Traum prophezeit. Schickt mich los!"

Papa bemerkt: „Der ist ja ganz gewieft. Statt zu sagen, da sitzt einer noch immer im Gefängnis, der könnte euch den Traum deuten, tut er so, als verstünde er selbst sich darauf." Mama gibt ihm Recht: „Ja, er will sich offensichtlich selbst erhöhen und hervortun." Nachdenklich schüttelt Opa den Kopf und erwidert: „Gewiss habt ihr beide nicht ganz Unrecht. Er will sich vielleicht schon etwas damit wichtigmachen, dass er jemanden kennt, der der Deutung kundig ist. Wahrscheinlich will er aber auch einfach die Antwort selbst überbringen. Ich glaube, so ist das gemeint."

Mit der Erlaubnis des Königs macht sich der Mundschenk auf, Yusuf in seinem Gefängnis zu besuchen und zu befragen. „Yusuf, du Weiser, ich brauche deine Hilfe! Kannst du mir sagen, was dieser Traum ankündigt?", ruft er, als er die Zelle betritt, und berichtet Yusuf von den seltsamen Dingen, die der König im Schlaf gesehen hat. Ohne zu überlegen, antwortet ihm Yusuf: „Ihr werdet sieben Jahre säen. Doch das, was ihr erntet, bewahrt auf, bis auf das, was zum Essen benötigt wird. Denn es werden sieben schlechte Jahre folgen, in denen ihr nichts ernten werdet. In dieser Zeit könnt ihr von dem Aufbewahrten leben. Aber verwahrt trotzdem noch so viel Korn, wie ihr zum Säen für eine neue Ernte braucht, denn dann wird Gott es wieder regnen lassen, sodass wieder genug Korn geerntet werden kann und es sogar zum Keltern ausreichen wird."

„So ist das also zu verstehen", meint Papa, „nach einigen Jahren guter Ernte kommen einige weniger gute, in denen man das verbraucht, was zuvor zurückgelegt wurde. Und in dem Jahr mit dem reichlichen Regen kann man wieder ordentlich Öl und Wein pressen. Er deutet also nicht nur den Traum, sondern sagt auch die kommenden Jahre voraus. Er erklärt, wie man am besten über die Runden kommen kann." Alima kichert: „Heute würde man über ihn sagen: Er ist ein cleveres Bürschchen!" Alle sind darüber erheitert. „Aber wie ist das, muss Yusuf immer noch in seinem Gefängnis schmachten? Schließlich tut er ja Gutes mit seiner Vorhersage", erkundigt sich Alima. Opa nickt: „Ich glaube, so sieht das auch der König. Er kann sich denken, dass diese gute Antwort nicht von seinem Diener stammen kann. Und so verlangt er ausdrücklich: ‚Bringt ihn zu mir!' Er ist neugierig auf den Mann, der über derlei Fähigkeiten und Wissen verfügt, denn keiner unter seinen Ministern konnte ihm eine so kluge Antwort geben. Vielleicht ahnt er sogar, dass Yusuf ein von Gott Geleiteter ist."

Wieder wird der Mundschenk zu Yusuf entsendet, diesmal, um ihn zum König mitzunehmen. Yusuf aber schickt ihn augenblicklich zurück. Er denkt dabei an die Schmach, viele Jahre unschuldig und ungesühnt im Gefängnis zugebracht zu haben, nur wegen der Laune einer Frau. Zu dem Boten sagt er: „Kehr zu deinem Herrn zurück und befrage ihn, was es mit den Frauen auf sich hat, die mir so übel mitgespielt haben." Unverrichteter Dinge kehrt der Mundschenk zurück und berichtet, was Yusuf ihm aufgetragen hat. Der König horcht auf, er hatte ja keine Ahnung von den Ränkespielen der Frauen. Ärgerlich beordert er die Damengesellschaft zu sich und fragt nach der Ursache und dem Grund des Geschehens.

Papa feixt, als Opa das Wort ‚Damengesellschaft' nutzt, und sieht dabei Mama an. Diese tut empört: „Was gibt es denn da zu feixen! Gönnst du mir es etwa nicht, einmal in der Woche mit meinen Freundinnen im Café zu schnattern? Du gehst ja schließlich auch fast jeden Sonnabend zum Fußball spielen!" Nun kichern Alima und Opa wegen Mamas gespielter Entrüstung.

„Schon gut!", gibt Papa klein bei, fügt aber spöttisch hinzu: „Meine ‚Männergesellschaft' wird euch das nächste Mal zum Zuschauen einladen."

„Eine Einladung in ein Café wäre mir lieber!", triumphiert Mama.

Alima setzt noch eins drauf, als sie bestimmt: „Und vergesst nicht, mich auf ein Eis einzuladen!" Verblüfft schauen sich ihre Eltern an, bevor sie in schallendes Gelächter ausbrechen. Nun spielt Opa den Empörten: „Schluss jetzt mit diesem ganzen Einladen, ich bin ja schließlich auch noch da! An mich denkt wieder keiner, typisch!" Aber damit erreicht er nur, dass das Lachen in eine Art Gebrüll übergeht. Als sich alle wieder beruhigt haben, fährt Opa fort.

Nun sitzen die Damen vor dem König, ohne zu wissen, warum er sie kommen ließ. Sie schauen sich groß an, zucken mit den Schultern. Ihre Hände bewegen sich unruhig hin und her, sie versuchen gar zu tuscheln. Nur der strenge Blick des Herrschers lässt sie wieder verstummen. Schließlich senken sie ihre Köpfe, nichts Gutes ahnend. Ernst fragt er: „Was wolltet ihr von Yusuf? Warum wolltet ihr ihn verführen?" Wie erlöst rufen sie, bis auf eine: „Wir hatten nichts Arges gegen ihn!" – „Aber nein, das wollten wir ja gar nicht! – „Wir haben nichts gegen ihn!" Sie ahnen zwar den Grund seiner Frage, halten es aber für besser, zu schweigen. Es könnte ja sein, dass sie in die Sache mit hineingezogen werden, weil sie Mitwisser waren. So senken sie lieber ihren Blick. Nur die Frau von Yusufs ehemaligem Herrn steht da, die Hände ringend. Sie kämpft mit sich, denn schon eine ganze Weile bedauert sie ihr damaliges Verhalten. Bisher hatte sie keinen Mut gefunden, sich zu bekennen. Nun aber senkt sie ihren Kopf und kniet vor dem König nieder. „Ich muss endlich die Wahrheit sagen. Ich war es, die ihn verführen wollte, und als er sich mir widersetzte, ließ ich ihn einsperren." Zögernd hebt sie ihren Kopf und spricht weiter: „Ich will mich nicht freisprechen, aber ich bitte euch, habt Erbarmen mit mir, so wie der Herr es uns lehrt! Er vergibt den aufrichtig Reuenden." Dann schweigt sie und wartet ängstlich das Urteil des Herrschers ab.

„Heißt das", will nun Alima wissen, erstaunt über die Wendung im Herzen der Herrin, „sie bittet Gott um Verzeihung und hofft auf Sein Erbarmen?"
„Wahrscheinlich bereut sie ihr Tun wirklich. Ihr wisst ja: Gott lenkt die Herzen und kann sie auch wieder verschließen", bemerkt Papa. Opa erzählt weiter.

Der Herrscher überlegt einen Moment, dann lächelt er der Dame zu, denn Gottes Barmherzigkeit kann er nur seine eigene hinzufügen. Nun aber wird er ungeduldig. Was ist das wohl für ein Mensch, der sogar diese Damen in derart große Verwirrung stürzen konnte und zudem so gut Träume deuten kann. Ungeduldig lässt er Yusuf zu sich bringen. Bei sich denkt er, nur ein Auserwählter von Gott könne so edel und rein sein.

Als Yusuf schließlich vor ihm steht, verkündet der König: „Ich weiß von dem Unrecht, das dir widerfahren ist. Ab heute bist du frei und sollst als geachteter und vertrauenswürdiger Mann unter uns leben." Yusuf denkt an den Traum des Königs. Er weiß, welche Schwierigkeiten in den nächsten Jahren auf das Land zukommen werden und wie man sie am besten bewältigen kann. „Wenn dem wirklich so ist, dann macht mich zum Herrn der Vorratskammern. Ich bin ein guter Hüter!"

Nachdenklich fragt Alima: „Ob er, als er die Fragen im Gefängnis beantwortet hat, schon wusste, dass er der Aufseher der Kornkammern werden würde?" Opa sinnt nach: „Du stellst aber auch Fragen. Da

muss ich erst überlegen. Hm, also ... Gott hat ihm die Fähigkeit, Geschichten zu deuten, sowie Urteilskraft und Wissen gegeben. Ich könnte mir vorstellen, dass er, als er den Traum des Königs gedeutet hat, nicht nur bereits wusste, dass die Ernte der guten Jahre während der schlechten Jahre aufgezehrt werden würde, sondern auch, wie alles organisiert und durchgeführt werden müsste. Und so hat er sicherlich auch vorhergesehen, dass er für die Lagerung des Korns und dessen Verteilung verantwortlich sein würde."

Alima überlegt: „Puh, diese Arbeit als Aufseher der Kornkammern wird bestimmt nicht einfach. Es müssen ja erstmal mehr Vorratshäuser gebaut werden. Dann muss man es ja auch irgendwie schaffen, dass ein großer Teil der Ernte von den Bauern abgegeben wird. Vielleicht verstehen sie nicht einmal, warum sie so viel abliefern sollen. Ob sie Yusuf glauben werden, dass er nur ihr Bestes will und das Korn wirklich für sie aufbewahren wird? Ich wäre jedenfalls misstrauisch ..." Alima schmunzelt: „... so wie Papa manchmal, wenn ich sage, dass ich in mein Zimmer gehe, um die Hausaufgaben zu machen. Er kommt dann ab und zu hinterher und steckt seinen Kopf durch den Türspalt, um nachzusehen, ob ich wirklich am Schreibtisch sitze oder doch am Computer spiele."

„He!" Papa verteidigt sich, er wird sogar etwas rot und wirkt verlegen. „Das stimmt doch gar nicht! Ich wollte nur sehen, ob du mich brauchst und ich dir bei einer Frage helfen kann."

„Ja, ja, alles klar!", grinst Alima belustigt. Ein schelmisches, aber auch listiges Funkeln liegt in ihren Augen, das bedeutet: Na warte! Dich werde ich das nächste Mal ordentlich reinlegen!

Um abzulenken, kommt Papa jetzt schnell wieder auf Yusuf und die Geschichte zurück und pflichtet seiner Tochter bei: „Jedenfalls wird es sicher sehr schwer für Yusuf werden, das Getreide einzutreiben. Dazu kommt dann noch, dass die Lager auch gut bewacht werden müssen, weil das Leben so vieler Menschen davon abhängt, dass sich nicht Ungeziefer oder sogar Räuber an den Vorräten bedienen.

Und am Schluss muss dann alles wieder sorgfältig und umsichtig verteilt werden, damit es wirklich für alle sieben Jahre reicht."

„Stimmt!", ruft Alima. „Für so eine schwere Aufgabe kann wirklich nur ein kluger, von Gott geleiteter Mann infrage kommen – Yusuf."

Alima sieht vor sich das trockene Ägypten. Der heiße Wind treibt Wolken von Sand über die ausgetrocknete Erde der Felder. Seit einigen Jahren führt der Nil kein richtiges Hochwasser mehr, sodass die Felder nicht überflutet werden. Sie sieht einige weinende Kinder, die nach Brot schreien. Ihre Bäuche sind ganz aufgebläht, weil sie schon lange nicht mehr richtig gegessen haben. Ihre Eltern, die genauso ausgemergelt sind, haben kaum noch Kraft, ihnen über die Köpfe zu streichen. Sie hoffen nur noch, dass der Aufseher der Vorratshäuser ihnen bei seinem Rundgang durch das Land bis zur nächsten guten Ernte mit Getreide aushelfen wird. Sie vertrauen ihm, denn sie haben nur Gutes von ihm gehört. Tatsächlich hilft Yusuf, seit die vorhergesagten schlechten Jahre begonnen haben, allen Bedürftigen und verteilt das Korn großzügig unter ihnen. Aber nicht nur in Ägypten hat sich die Hungersnot ausgebreitet. Aus aller Welt strömen Menschen dorthin, um Getreide zu kaufen. Sie alle werden freundlich behandelt und ausreichend versorgt.

Eines Tages kommt aus Palästina, Yusufs Heimatland, eine kleine Kamelkarawane an und bittet um Gehör beim Herrn über die Vorratshäuser. Schon seit Langem grämt sich Yusuf bei dem Gedanken an seinen Vater, der ihn verloren glaubt. Wie es dem Vater wohl geht? Wird er von den Brüdern geachtet, wie es sich gehört? Wie behandeln die älteren Brüder den jüngsten von ihnen? Wie hat die ganze Familie diese Hungerszeit bisher überstanden?

Und nun stehen plötzlich seine Brüder vor ihm und bieten ihm allerlei Tauschwaren gegen Getreide an – genau, sie sind die kleine Karawane! Yusuf hat sie sofort wiedererkannt, die Brüder ihn hingegen nicht. Sie haben sein Gesicht schon längst vergessen, wähnen ihn irgendwo als Sklaven oder gar schon tot. Zudem ist er ein kleiner Junge gewesen, als er von den Händlern mitgenommen wurde. Ihr Gewissen belastet sie nicht mehr. Nur die immer noch tiefe Trauer ihres Vaters erinnert sie täglich wieder an ihn. Tief verbeugen sie sich im Palast vor dem ägyptischen hohen Beamten des Königs, um ihn gut zu stimmen. Freundlich fragt er sie, wer sie seien und woher sie kämen, ob ihr Vater noch lebe und wer noch zum Haushalt dazu gehöre. Sie erzählen, dass zuhause beim Vater noch ein Junge auf sie warte. Auf Yusufs Frage, warum der Junge nicht mit ihnen gekommen sei, antworten sie, dass ihr Vater es nicht erlaubt habe. Er lässt ihnen ihr Getreide abmessen und sagt ihnen zum Abschied: „Bringt beim nächsten Mal euren Bruder mit, der noch bei eurem Vater ist. Ihr seht, ich bemesse reichlich. Aber wenn ihr euren Bruder nicht mitbringt, dann braucht ihr nicht mehr zu mir zu kommen!" Er fügt hinzu: „Vielleicht gibt es ja gar keinen Bruder, und ihr wollt nur ein Maß mehr, als euch zustünde." Die Brüder sehen sich an, und der älteste von ihnen erwidert zögerlich: „Wir werden versuchen, unseren Vater davon zu überzeugen." Bei diesen Worten verkrampft sich Yusufs Herz. Er spürt sofort, wie wenig sie ihren alten Vater und besonders den Jungen lieben. Sie haben sich nicht verändert, denkt er traurig. Tief im Inneren versteckt er seinen Kummer und seine Sorge um den Vater und Bruder. Noch während die Brüder den Saal verlassen, beauftragt Yusuf seine Diener: „Steckt ihnen ihre Waren wieder in ihre Satteltaschen! Gewiss kommen sie dann zurück."

Zuhause angekommen, erzählen die Brüder von ihrer Reise und was ihnen der Verwalter aufgetragen hat. „Vater, lass Benjamin das nächste Mal mitgehen. Wir passen bestimmt auf ihn auf!" Wie sehr sträubt sich da der Vater, hat er doch immer noch Yusuf vor Augen! Er sieht, wie sein Sohn den Brüdern lachend auf die Weide hinterherläuft und ihm noch zum Abschied zuwinkt, bis er ihn nicht mehr sieht. „Soll ich euch wieder vertrauen, nach allem, was damals passiert ist?"

Als die Brüder ihr Gepäck von den Kamelen abladen und öffnen, finden sie die Waren wieder, mit denen sie das Korn gekauft haben. Wie erstaunt sind sie und freuen sich. Vielleicht, denken sie, bekommen wir unseren Anteil an Korn und zusätzlich unsere Waren zurück, wenn wir wieder dort hinziehen? Welch ein guter Handel! Sie bitten nun den Vater inständig, ihnen den jüngsten Bruder mitzugeben, denn ansonsten ist es ihnen untersagt, sich Ägypten zu nähern. Schweren Herzens erlaubt also der Vater, dass Benjamin, der Jüngste, mitreisen darf. „Ich werde ihn euch mitgeben, aber nur, wenn ihr mir fest versprecht, ihn wieder zurückzubringen."

Nachdem ihre Ration an Getreide aufgebraucht ist, bereiten die Brüder sich darauf vor, abermals nach Ägypten zu ziehen, um Korn gegen ihre Waren zu tauschen. Dieses Mal ist Benjamin bei ihnen. Der Abschied von seinem Sohn ist für den Vater sehr schwer, lange weint er. Dennoch, tief in seinem Herzen spürt er etwas Gutes, Warmes. Wieder erinnert er sich an Yusufs Traum, von dem dieser ihm vor langer Zeit berichtet hatte. Auch seinen Rat an Yusuf, den Brüdern nichts von diesem Traum zu erzählen, hat er noch nicht vergessen – ob sich der Traum wohl bald erfüllen wird? Diese winzig kleine Hoffnung erwärmt nun sein Herz.

Schon bald berichten die Späher Yusuf von der erneuten Ankunft der Karawane. Als seine Brüder in den Saal treten und beschäftigt mit ihrem Handel sind, nimmt er Benjamin unter einem Vorwand beiseite. Er führt ihn in einen anderen Raum des Palastes und eröffnet ihm: „Ich weiß, es scheint unmöglich, aber ich bin Yusuf, dein Bruder. Sei nicht mehr traurig über das, was sie mir angetan haben." Benjamin versteht zuerst nicht. Er fragt sich eher, ob der hohe Minister sich einen Spaß mit ihm erlaubt. Denn Benjamin kann sich kaum noch an seinen Bruder, den er bisher für tot hielt, erinnern. Er war einfach noch zu klein, als dieser verschwand, und der Vater hat ihn nur selten erwähnt. Es schmerzte ihn zu sehr, wenn er von ihm sprach. Und nun soll dieser ägyptische Herr sein Bruder sein?

Yusuf lässt ihm Zeit, sich mit dem Gedanken anzufreunden. Benjamin mustert ihn nun sehr genau. Sind da nicht einige Züge in diesem Gesicht, die den seinen ähneln? Und das Alter könnte auch stimmen! Langsam zeigt sich ein kleines Lächeln auf seinen Lippen, das sich endlich in ein Strahlen verwandelt. Schließlich ruft er: „Bruder, mein verloren geglaubter Bruder!", und fällt in Yusufs ausgestreckte Arme. Er kann es kaum fassen, er hat seinen Bruder wieder. Er denkt an den Vater, wie wird der sich freuen, nachdem er sich vor Gram beinah die Augen ausgeweint hat und jetzt kaum noch sehen kann. Ohne darum gebeten werden zu müssen, beginnt Benjamin, von zuhause zu erzählen. Er berichtet vom Vater und davon, wie wenig seine Brüder ihn ehren. Schließlich sitzen die beiden nur so da und jeder hängt seinen Gedanken nach.

Tiefe Sehnsucht erfüllt Yusuf, zu gern würde er sofort nach seinem Vater schicken oder gar selbst hinreisen. Aber er weiß, dass er seinen Platz nicht verlassen darf, zu viele Menschen hat er noch zu versorgen, sie sind alle von ihm abhängig. Vielleicht, überlegt er sich, wäre es besser, die Familie ganz in der Nähe wohnen zu lassen. Er, Yusuf, ist hier ein geachteter Mann und dieses Ansehen würde sich auch auf den Vater übertragen.

Als er sich von seinem jüngeren Bruder verabschiedet, trägt er diesem auf, seinen Brüdern keinesfalls zu berichten, was er erfahren hat. Auch solle er sich nicht durch sonderbare Ereignisse auf seiner Heimkehr beirren lassen. Yusuf hat sich nämlich überlegt, wie er seine Brüder am besten beschämen und zum Nachdenken anregen kann. Er weiß von Benjamin, dass sie bei Gott schwören mussten, ihren Bruder wieder zurückzubringen. Wenn er einen Grund fände, Benjamin zurückzuhalten, ließe sein Vater sich gewiss dazu überreden, nach Ägypten zu kommen, um seinen Jüngsten zu holen. Daher lässt er, als die Brüder für einen Moment abgelenkt sind, heimlich ein kostbares Trinkgefäß in Benjamins Satteltasche verstecken. Wenn der Becher bei einer Durchsuchung dort gefunden wird, dann kann er, so hofft Yusuf, den vermeintlich Schuldigen zurückhalten und die Brüder müssen allein vor den Vater treten. Das wäre für sie alle eine große Schande, da sie doch Söhne eines Propheten sind.

Alima sieht die Karawane wieder durch die Wüste ziehen. Sie haben sich noch nicht sehr weit von der Stadt entfernt, da eilt ein Ausrufer in schnellem Tempo hinter ihnen her und ruft schon von Weitem: „He, ihr von der Karawane! Haltet an, elende Diebe!" Sie bleiben stehen und sehen einander an, schockiert von der Unterstellung, sie, die Söhne von Propheten, seien Diebe. Dennoch fragen sie höflich: „Was vermisst ihr denn?" Der Ausrufer sieht ihnen sehr genau in die Gesichter und sagt: „Ein Trinkgefäß des Königs. Wer es findet, der bekommt eine reiche Belohnung." Die Brüder sehen sich an und schütteln dann die Köpfe: „Bei Gott! Wir sind doch nicht hierher gekommen, um Unheil zu stiften! Wir sind keine Diebe!" Die letzten Worte betonen sie sehr stark, was heißen soll: Wie kannst du es wagen, uns als Diebe zu bezeichnen! Der Ausrufer lacht höhnisch: „Und was, wenn doch? Was wäre die Strafe für eure Lügen?"

Im Bewusstsein ihrer Unschuld meinen sie überheblich: „Dann soll derjenige, der gestohlen hat, die gerechte Strafe erhalten!"

Alima schaut Großvater an und fragt: „Was meinen sie mit ‚die gerechte Strafe'?" Großvater überlegt und erklärt dann: „Ein Dieb muss natürlich den Schaden voll ersetzen. Und sollte er nicht die Mittel dazu haben, so kann er in die Sklaverei verkauft werden. – Aber hört weiter!"

„Nun gut, wir werden sehen, ob ihr die Wahrheit gesagt habt", antwortet der Ausrufer und beginnt mit der Durchsuchung der Satteltasche des Ersten in der Reihe. Wie hämisch lacht da der Bruder, als kein Trinkgefäß zutage gefördert wird. So ist es auch bei den nächsten Taschen. Das Gesicht des Ausrufers wird zunehmend verdrossener, während die Brüder spöttisch der Durchsuchung folgen. Fast ist diese beleidigende Handlung beendet, nur noch eine Tasche wartet darauf, geöffnet zu werden. Schon atmen die Brüder langsam aus. Aber wie groß ist ihr Schock, als der Beamte triumphierend einen goldenen Kelch aus der Satteltasche des jüngsten Bruders zieht. Sie wissen in ihrer Verwirrtheit nicht, was sie sagen sollen. Verzweiflung liegt in ihren Blicken und die bange Hoffnung, dass das alles nicht wahr sei. Langsam senken sie die Köpfe, sie sind nun arg beschämt. In den Augen des Ausrufers sind die Brüder einfache Diebe. Obendrein haben sie noch das Vertrauen des Herrn und seine Gastfreundschaft auf das Schlimmste missbraucht.

Als sie wieder vor dem Herrn der Kornkammern stehen, sagt einer aus den Reihen der Brüder trotzig: „Er ist nicht besser als sein einer Bruder!" Die anderen greifen die Worte auf, wie um sich selbst zu schützen, und nicken kräftig mit den Köpfen zur Bestätigung. Der andere ist ja von einer anderen Mutter, wie auch dieser Benjamin hier! Sie wissen nicht, dass dieser andere, über den sie so übel reden, vor ihnen steht. Sie beruhigen nur ihr eigenes Gewissen, weil sie denken, sie könnten nichts dafür. Mit den Söhnen der anderen Mutter haben sie nichts zu schaffen.

Aber da ist der Vater ... Was sollen sie ihm jetzt nur sagen? Sie haben bei Gott geschworen! Ihre Verzweiflung wird größer. Haben sie nicht genug auf den Bruder geachtet, wie sie es dem Vater versprochen hatten? Wie nach einem Strohhalm greifend, sagt einer aus ihrer Reihe, an das Gefühl des Herrn appellierend: „Ehrenwerter Herr, sieh, diesen Jungen liebt unser Vater so sehr, es würde ihm das Herz brechen, ihn zu verlieren. Unser Vater ist schon sehr alt. Nimm einen von uns statt ihm, ich bitte dich, sei gütig." Yusuf lacht verneinend: „Nein, ich will den haben, bei dem das Diebesgut gefunden wurde. Ich kann doch nicht wissentlich einen Unschuldigen bestrafen! Das wäre wahrlich ungerecht." So treten sie etwas beiseite und beratschlagen, nun fast ohne Hoffnung, was sie tun können. Der Älteste denkt an die traurigen Augen des Vaters, als dieser Benjamin mit ihnen davonziehen sah: „Habt ihr vergessen, dass wir bei Gott geschworen haben? Und habt ihr Yusuf vergessen? Nein, ich verlasse dieses Land nicht eher, bis Vater oder Gott es mir erlauben!" Keiner seiner Brüder wagt, ihm nun ins Gesicht zu sehen, alle sind von ihrer Schuld eingeholt. „Kehrt heim und sagt dem Vater, dass sein Sohn gestohlen hat und dass wir keine Ahnung davon hatten." Er wendet sich an den nächstjüngeren Bruder und übergibt ihm so die Verantwortung: „Sag ihm, er soll bei der Karawane, mit der wir gezogen sind, oder am besten hier in der Stadt nachfragen, wenn er euch nicht glaubt." Vielleicht, so denkt er für sich, zeigt Gott mir einen anderen Weg, oder der Bestohlene ändert seine Meinung, ist gnädig und lässt uns gehen. Noch nie war der Weg nachhause so lang und mühselig wie jetzt, ohne Benjamin und ohne den ältesten Bruder. Schließlich stehen sie vor ihrem Vater und finden keine Worte. Er sieht von einem zum anderen, seine stille Frage nach Benjamin beantwortet keiner. Endlich hat einer den Mut: „Vater, Benjamin hat gestohlen!"

„Nein, nein! Das muss ein Irrtum sein!", schreit Yaqub in höchster Verzweiflung. Nein, er glaubt es nicht, das kann nicht sein. Er kennt seinen Sohn zu gut, so etwas würde er niemals tun. Sein Glaube an

Benjamin ist unerschütterlich, aber er kennt die genauen Vorgänge nicht und befürchtet das Schlimmste. Ob er seine Söhne jemals wieder umarmen kann? Er dreht sich von ihnen weg und sagt zu sich selbst: „Geduld! Vielleicht bringt Gott sie mir alle wieder zurück! Denn Er ist der Wissende, der Weise!" Trost und Hoffnung ziehen in sein Herz ein, als sich seine Gedanken Gott nähern. Er schickt seine Söhne weg, denn er möchte nun allein sein, allein mit seiner Trauer um zwei seiner liebsten Kinder. Er streckt seine zitternden Arme weit aus, wie um jemanden zu empfangen, und flüstert: „Oh Yusuf! Du warst mir der Liebste von allen, und ich weiß nicht einmal genau, ob du lebst oder tot bist. Nur mein Herz sagt mir, dass ich dich eines Tages wiederfinde." Dann weint er, seine Augen werden endgültig trüb vor Trauer, und der Gram lässt ihn verstummen.

Als die Brüder ihren Vater so in seinem stillen Kummer sehen, ergreift sie wieder derselbe Neid wie schon Jahre zuvor. Nichts hat sich geändert, denken sie, und laut rufen sie eifersüchtig: „Bei Gott, du wirst wohl selbst auf dem Sterbebett noch an Yusuf denken."

Traurigkeit über ihre Eifersucht, über ihr schlechtes Verhalten gegenüber ihren Brüdern schwingt in Yaqubs Stimme, als er leise sagt: „Oh mein Gott! Ich klage über mein Leid und meine Traurigkeit. Sie wissen nicht, was Du mich wissen ließest." Wieder erinnert er sich an Yusufs Traum. Nun ist er ganz sicher, dass dieser irgendwo lebt. Er steht gebrechlich auf, packt mit letzter, versiegender Kraft die Söhne und zieht sie mit trübem Blick aus der Hütte nach draußen. Seine Finger weisen in die Richtung des fernen Ägypten: „Meine Söhne, geht und sucht nach Yusuf und seinem Bruder! Zweifelt nicht an Gottes Güte, denn es zweifeln nur die, die nicht an Gott glauben!"

Alima versucht, sich von den anstürmenden Gefühlen, die sie bei der Erzählung beherrschen, etwas zu lösen. Kummervoll sieht sie den Vater vor sich stehen, blind vom vielen Weinen und gramgebeugt. Und dennoch: In seinem Gesicht glimmt jetzt ein kleiner Funke Hoffnung auf. Verwundert sehen seine Söhne sein Gesicht erstrahlen, und ein kleiner Abglanz davon springt über in ihr Herz. Yaqubs tiefes Vertrauen auf Gott stärkt ihn in seinem Hoffen und erhöht ihn in seinem Glauben. Dieses unbedingte Vertrauen dringt auch in Alimas Herz ein. Tief aus ihrem Inneren kommt die Erkenntnis und lässt ihr Gesicht aufleuchten: „Ich glaube, die ganze Geschichte um Yusuf zeigt uns, dass alles Geschehen bei Gott liegt. Alle Entscheidungen, die ich für mich mache, kommen im Grunde nur von Gott. Alles, was ich tue – lernen, spielen und dir zuhören, Opa – lenkt Gott. Und mein Vertrauen zu Ihm ist der Gradmesser dafür, wie stark mein Glaube an Ihn ist … ich hoffe sehr, dass er stark genug ist", fügt sie zögernd hinzu. „Jedenfalls, das ist es eigentlich, was der Vater Yaqub seine Söhne lehren will: Glaube, Hoffnung und Vertrauen! Vielleicht denken sie doch irgendwann mal nach und werden so gestärkt. Und wenn Gott will, wird Er dann verzeihen." Ein besonderes Funkeln in den Augen unterstreicht ihre Worte. Alle sind von ihrer klugen Darlegung zuerst überrascht, dann freuen sie sich mit ihr. Papa gibt ihr einen Kuss auf die Stirn, und Mama drückt sie fest an sich. Opa räuspert sich und bestätigt zufrieden: „Ich finde, ich hätte das nicht besser ausdrücken können. Und wenn du hoffst, dass dein Glaube stark genug ist, dann kann ich dazu nur sagen: Allein diejenigen, die so denken, haben einen starken Glauben."

Alima wird ganz rot vor Freude und Verlegenheit. Lächelnd bittet sie: „Opa, erzähl weiter. Kann Yaqub seine Kinder wieder in die Arme schließen? Erfüllt sich Yusufs Traum?"

Zum dritten Mal sieht Alima die Brüder nach Ägypten reisen. Schwermütig sitzen sie auf ihren Kamelen, ihr Stolz und auch ihr Hochmut sind langsam dahingeschmolzen. Zu viel ist inzwischen geschehen. Nicht nur, dass sie kaum noch Waren besitzen zum Tausch gegen Getreide, nein, allmählich wandelt sich auch ihre Gesinnung. Vielleicht öffnen sie auch zögernd ihr Herz, und Neid und Missgunst schwinden dahin. Möglicherweise beginnen sie auch, ihre Tat an Yusuf zu bereuen. So erscheinen sie als tief gebeugte Bittsteller, in der Hoffnung, für ihre minderwertige Ware dennoch volles Maß zu erhalten; in der Hoffnung, dass sich der Herr für Benjamin erbarme. Sie sprechen: „Hoher Herr! Wir kommen in großer Not zu dir. Wir haben nur wenige Waren, aber bitte fülle uns trotzdem freigebig das Maß, denn wir haben nichts anderes. Gott wird es dir sicher lohnen."

Yusufs Herz ist von dieser Demut und Betrübnis sehr gerührt. Er ist voller Mitleid für seine Brüder, denn schon lange hat er ihnen vergeben. Nun führt er sie in den Raum, in dem Benjamin und der Älteste bereits auf sie warten. Ein letztes Mal hält er ihnen vor: „Wisst ihr, was ihr Yusuf und seinem Bruder angetan habt?" Sie senken gedemütigt den Kopf und nicken. Sie haben endlich erkannt, wer vor ihnen steht. Warum haben sie es nicht schon früher bemerkt – diese Güte, die Mildtätigkeit, hat das nicht alles eindeutig auf Yusuf hingewiesen? Waren sie so verblendet in ihrer Eifersucht, so sicher vor ihrer Schuld? Nun knien sie vor ihm nieder und fragen leise: „Bist du Yusuf?" Kaum wagen sie es, ihn anzusehen. Er aber lässt sie aufstehen und nimmt sie bei der Hand. „Ja, ich bin Yusuf, und das hier ist mein Bruder!" Damit zieht er Benjamin an sich. „Gott ist gütig zu uns. Wer gottesfürchtig und geduldig ist, den belohnt Er reichlich."

Wieder fallen sie vor ihm auf die Knie, demütig und sich ihrer Schuld voll bewusst, und sprechen: „Bei Gott! Er hat dir den Vorzug gegeben, denn wir waren wahrlich Sünder!" Abermals zieht Yusuf seine Brüder hoch und sagt freudig: „Nein, steht auf, ich tadele euch nicht an diesem Freudentag. Und auch Gott wird euch vergeben, denn Er ist barmherzig." Gemeinsam gehen sie auf den Hof, wo schon die Kamele der Brüder mit gefüllten Satteltaschen warten. Er zieht sein Hemd aus und überreicht es dem Ältesten: „Nehmt dieses Hemd und legt es auf Vaters Gesicht! Dann wird er wieder sehen können." Zum Abschied ruft er ihnen noch hinterher: „Und kommt mit der ganzen Familie wieder zurück!"

„Opa", Alima blickt ihren Großvater gedankenvoll an. „Opa, Gott prüft uns doch immer wieder. Kann es sein, dass Er Propheten am stärksten prüft und ihnen ein besonders hartes Leben gibt, um sie dann zu erhöhen? Du hast mir doch erzählt, dass die Menschen ihre Propheten schon oft beschimpft oder als Lügner bezeichnet und ihnen sogar mit dem Tod gedroht haben. So wie bei Yusuf. Und bei Yaqub ist es doch genauso schlimm, er wurde von den eigenen Söhnen belogen und hat außerdem sein geliebtes Kind verloren. Erzähl, hat Gott ihm das Leben schwer gemacht, um ihm dann das Liebste wieder zurückzugeben, und hat Er seinen Platz in der Familie erhöht?"

Wieder ziehen sie durch die Wüste, dieses Mal aber frohen Mutes, und ihre Herzen werden mit jedem Schritt, den sie tun, leichter. Kaum gönnen sie ihren Kamelen eine Verschnaufpause. Fast sieht es so aus, als wollten sie mit dem leichten Wind, der sie ständig umweht und ihnen besonders um die Mittagszeit ein wenig Kühlung bringt, um die Wette rennen. Jeden Morgen begrüßen sie den Tag mit glücklichem Gesicht, und jeden Abend werfen sie sich im Angesicht Gottes auf den Boden und bitten Ihn um Seine Gnade.

Unversehens unterbricht Alima ihren Großvater erneut und sagt mit Frohmut in der Stimme: „Was für eine sonderbare Situation das ist: Die Brüder, die zuvor so hart, hochmütig und unwissend waren, überbringen jetzt selbst die Nachricht von Yusuf, den sie so beneidet, vielleicht sogar gehasst, haben und der ihretwegen sogar in die Sklaverei gekommen ist. Sie bestätigen damit die Überzeugung ihres Vaters, dass Yusuf noch lebt; sie bezeugen die Wahrheit seiner Vorhersagen, obwohl sie sie nie verstanden haben. Vielleicht haben sie ihn sogar insgeheim noch ausgelacht, weil er viele Jahre nach Yusufs Verschwinden immer noch an ihn gedacht hat." Opa nickt nur zustimmend und erzählt weiter.

Ihr Vater, der zuhause sehnsüchtig und in sich gekehrt auf sie wartet, regt sich mit einem Mal und wendet sein Gesicht dem Wind zu. Leben kehrt wieder in ihn zurück, und er schnuppert in der Luft: „Es riecht nach Yusuf, auch wenn ihr mir das nicht glauben und mich für töricht halten werdet." Die zuhause gebliebenen Verwandten schütteln, ihn bedauernd, den Kopf: „Bei Gott! Töricht, das bist du wirklich!"

Schnell nähern sich aber nun die Brüder ihrer Wohnstatt, und der älteste reitet voraus, Yusufs Hemd wie eine Fahne im Wind vor sich hertragend. Im Nu springt er vor seinem Vater ab und beugt sich über dessen Liege, die im Schatten des Vordaches aufgestellt ist. Vorsichtig legt er ihm das Hemd auf das Gesicht, wirft sich dann in den Sand und bittet Gott mit seiner ganzen Demut um Hilfe für den Vater. Schon nähern sich die anderen Brüder und stehen nun um ihn herum. Mit zitternden Händen nimmt Yaqub das Hemd von seinem Gesicht, und ein Lächeln liegt in seinen eben noch blinden Augen. Er kann wieder sehen! Sein Blick ist wieder klar wie zuvor. Seine Hände verkrampfen sich in dem Hemd.

Er führt es an seinen Mund, um es zu küssen, und legt es auf sein Herz, das stürmisch schlägt. Er lebt! Sein Herz fühlt es ganz stark, Yusuf lebt! Yaqub hebt den Kopf ein wenig, und schon stützen die Hände seiner Söhne seinen Rücken und helfen ihm so, sich aufzusetzen. Dankbar blickt er jeden seiner Söhne an. Nur für einen kurzen Moment spiegelt sich ein kleiner Anflug von Trauer in seinen Augen wider. Yusuf und Benjamin, sie sind noch nicht dabei. Ein tiefes Luftholen und er weiß, sie warten selbst sehnsüchtig im fernen Ägypten auf ihn. An seine Söhne gewandt sagt er dann lächelnd: „Sagte ich nicht zu euch, meine Söhne, dass ich von Gott weiß, was ihr nicht wisst?" Ergeben senken sie ihre Köpfe und bitten: „Vater! Bitte für uns um Vergebung für unsere schlechten Taten. Wir waren Sünder!" Der Vater hebt seine Hände und berührt sie leicht. „Lasst nun eure Köpfe nicht weiter hängen, schaut in den schönen Tag hinein. Ich werde beim Herrn um eure Vergebung bitten. Er ist der Vergebende, der Barmherzige!" So schnell es geht, machen sie sich nun alle ein letztes Mal auf den Weg nach Ägypten, auf den Weg zu Yusuf.

Die Ungeduld, die die Reisenden, die Familie des Yaqub, seit ihrem Aufbruch aus Kanaan beflügelt, lässt auch Alimas Herz höherschlagen. Vor ihrem inneren Auge sieht sie das Kamel, auf dessen einer Seite der Vater in einem Tragekorb sitzt. Stets hält er sich die Hand über die Augen und beschattet sie. Sein Blick ist in die Ferne gerichtet, als sähe er dort schon seine beiden Söhne warten. Wie mag Yusuf heute aussehen, wird er ihn gleich wiedererkennen? Könnte er die beiden doch schon jetzt in seine Arme schließen! Und dann sieht er kurz vor der Stadtgrenze wirklich zwei Reiter auf die Karawane zuhalten. Sein Herz zerspringt fast vor Freude: Es sind Yusuf und Benjamin.

Yusuf reicht ihm seine Hand, die er nun nicht mehr loslässt. Vorsichtig heben die Brüder Yaqub und Yusufs Ziehmutter aus den Tragekörben. Erhaben sagt Yusuf zu den Eltern: „Betretet nun Ägypten, so Gott es will! Hier seid ihr sicher!" Als Zeichen seiner Hochachtung und Liebe führt er sie zu den erhöhten Ehrenplätzen und bedeutet ihnen, sich zu setzen. Vor ihm stehen nun seine Brüder, vom ältesten bis zum jüngsten, Benjamin. Und nun erfüllt Gott seinen Traum: Sie alle werfen sich vor ihm nieder. Mit hoch erhobenem Haupt und dennoch demütig vor Gott, steht Yusuf da, und sein Gesicht leuchtet. Er wendet sich zu seinem Vater und sagt glücklich: „Vater, das ist die Deutung des Traumes, den ich früher hatte. Gott ließ ihn Wirklichkeit werden. Zu mir war Er gut, als Er mich aus dem Kerker holte, und auch euch anderen hat Er Gutes getan: Er führte euch aus der Wüste hierher, hat die Familie wieder zusammengebracht, nachdem meine Brüder so viel Zwietracht gesät hatten." Nun fällt er ebenfalls zu Boden und ruft zu Gott: „Mein Herr! Du gabst mir Verantwortung und die Fähigkeit, Geschichten zu deuten. Du bist der Schöpfer des Himmels und der Erde, mein Schutz im Diesseits und im Jenseits. Lass mich ein Gottergebener sein, und reihe mich bei den Rechtschaffenden ein!"

Wie aus einem Traum erwachend, fährt sich Alima über die Augen. Langsam löst sie sich aus der Tiefe der Vergangenheit, von Yusufs Geschichte, die die Erzählung des Großvaters vor ihren Augen lebendig werden ließ. Opa lächelt Mama an, und sie nickt schmunzelnd zurück. Sie versteht am besten, wie sich Alima jetzt fühlt: Ihr ging es vor vielen Jahren ebenso, als sie das erste Mal die Geschichte von Yusuf gehört hatte. Alima schaut alle der Reihe nach an. „Ist die Geschichte von Yusuf und seinen Brüdern nicht auch als eine Mahnung zu betrachten?", fragt sie.

Papa zieht sie an sich, umfasst mit beiden Händen ihr Gesicht und gibt ihr einen Kuss auf die Stirn. Er stellt fest: „Natürlich, auf alle Fälle! Wenn die älteren Brüder ehrlicher gewesen wären, dann wären sie am Ende nicht so gedemütigt worden. Ehrlichkeit währt doch am längsten."

„Und ich möchte niemals neidisch auf jemanden sein!", fügt Alima noch hinzu. Dabei schüttelt sie heftig den Kopf.

Wie zum Abschluss sagt nun der Opa, während er Alima dabei sanft lächelnd ansieht: „Diese Geschichte spricht so vieles an. Da sind die unterschiedlichsten Lebenssituationen: das besondere Verhältnis des Propheten zu seinem Lieblingssohn, die Eifersucht und der Neid der Brüder gegenüber diesem Sohn, ihr hinterhältiges Tun. Dazu gehört die tiefe Trauer des Vaters, der Verkauf des Sohnes zu einem geringen Preis, Gefängnis, weil er seine Reinheit schützen wollte ... diese ganzen Erniedrigungen enden in Yusufs Aufstieg zu einem der wichtigsten Männer in ganz Ägypten. All diese Situationen sprechen Verhaltensweisen wie Demut und Gottesfurcht, Wahrhaftigkeit und Glaube, Reue und Vergebung an. Sie machen, damals wie heute, einen Menschen erst zum Menschen. Ich glaube, das alles erzählt uns die Geschichte von Yusuf, dem Propheten."

بِسْمِ اللَّهِ الرَّحْمَٰنِ الرَّحِيمِ

الر ۚ تِلْكَ ءَايَٰتُ ٱلْكِتَٰبِ ٱلْمُبِينِ ۝ إِنَّآ أَنزَلْنَٰهُ قُرْءَٰنًا عَرَبِيًّا لَّعَلَّكُمْ تَعْقِلُونَ ۝ نَحْنُ نَقُصُّ عَلَيْكَ أَحْسَنَ ٱلْقَصَصِ بِمَآ أَوْحَيْنَآ إِلَيْكَ هَٰذَا ٱلْقُرْءَانَ وَإِن كُنتَ مِن قَبْلِهِۦ لَمِنَ ٱلْغَٰفِلِينَ ۝ إِذْ قَالَ يُوسُفُ لِأَبِيهِ يَٰٓأَبَتِ إِنِّى رَأَيْتُ أَحَدَ عَشَرَ كَوْكَبًا وَٱلشَّمْسَ وَٱلْقَمَرَ رَأَيْتُهُمْ لِى سَٰجِدِينَ ۝ قَالَ يَٰبُنَىَّ لَا تَقْصُصْ رُءْيَاكَ عَلَىٰٓ إِخْوَتِكَ فَيَكِيدُوا۟ لَكَ كَيْدًا ۖ إِنَّ ٱلشَّيْطَٰنَ لِلْإِنسَٰنِ عَدُوٌّ مُّبِينٌ ۝ وَكَذَٰلِكَ يَجْتَبِيكَ رَبُّكَ وَيُعَلِّمُكَ مِن تَأْوِيلِ ٱلْأَحَادِيثِ وَيُتِمُّ نِعْمَتَهُۥ عَلَيْكَ وَعَلَىٰٓ ءَالِ يَعْقُوبَ كَمَآ أَتَمَّهَا عَلَىٰٓ أَبَوَيْكَ مِن قَبْلُ إِبْرَٰهِيمَ وَإِسْحَٰقَ ۚ إِنَّ رَبَّكَ عَلِيمٌ حَكِيمٌ ۝

Bärbel Manaar Drechsler

*1943 in Bernburg. Als ehemalige Erzieherin ist der Schwerpunkt ihres literarischen Schaffens die Welt der Kinder und insbesondere das Leben der muslimischen Familien in der deutschen Gesellschaft. Sie lebt und schreibt leidenschaftlich in Berlin.

Oliver Streich

*1968 in Bern. Er studierte Illustration und Grafik an der Kunstgewerbeschule in Kolding, Dänemark. 1990 erhielt er ein Jahresstipendium für Buchillustration in Bratislava, wo er die belgische Illustratorin Els Cools kennen lernte. Sie haben zusammen zahlreiche Bilderbücher illustriert. Seit 1992 wohnen sie mit ihren zwei Kindern in Dänemark, in der kleinen Stadt Faaborg an der Ostsee.